**OPERA PANTUN**

EL LAZUARDI

# Suluh Damar

**Suluh Damar**
(Opera Pantun)
**El Lazuardi**
Hak Cipta © El Lazuardi

Desain Sampul: El Lazuardi
Tata Letak: Tim Pimedia

Diterbitkan oleh PIMEDIA Bandung
114 hlm. (vi+109)
Cetakan pertama, 2023

ISBN 978-623-8426-00-3

Hak cipta dilindungi undang-undang. Dilarang memper-banyak atau memindahkan sebagian atau seluruh isi buku ini ke dalam bentuk apa pun, baik secara elektronik maupun mekanik, termasuk memfotokopi, rekaman, dan lain-lain tanpa izin tertulis dari penerbit.

Dicetak oleh PIMEDIA Bandung.

## Kata Pengantar

Tiada kata terindah selain ungkapan puji syukur kehadirat ALLAH Swt. atas limpahan rahmat dan karunia-Nya sehingga penulisan buku kumpulan pantun berjudul SULUH DAMAR ini berhasil dengan baik. Shalawat salam tak kupa dikirimkan kepada Nabi Muhammad saw. Semoga kebaikan baginya selalu tercurah.

Penulisan buku kumpulan pantun SULUH DAMAR ini merupakan bagian dari event 60 hari berpantun yang diinisiasi Pak Ikhwanul Halim bersama komunitas Kompako guna memberikan apresiasi sekaligus mempertahankan tradisi berpantun di tanah air.

Terima kasih penulis sampaikan kepada Pak Ikhwanul Halim, Kak Julianti Dewi, Kompasiana, sahabat-sahabat Kompako dan Pimedia yang telah banyak membantu dalam merealisasikan kehadiran buku ini.

Terakhir, penulis berharap semoga buku ini bisa bermanfaat dan memberi kebaikan bagi kita semua.

# Daftar Isi

Kata Pengantar ................................................. iii
Daftar Isi.......................................................iv
Berkata Jujur .................................................... 1
Jangan Berkata Kasar ........................................3
Jangan Sombong...............................................5
Iri Dengki Mari Jauhi .........................................7
Jangan Berkata Dusta.........................................9
Hidup Hemat Sangatlah Penting ........................ 11
Jangan Takabur Jangan Jumawa.........................13
Berani Berjanji Berani Menepati ........................15
Jangan Kufur Mari Bersyukur ............................17
Buang Serakah Carilah Berkah .......................... 19
Hapus Dendam Singkirkan Amarah ................... 21
Waspadalah Orang Munafik! ............................ 23
Jangan Pelit Mari Berbagi................................. 25
Mari Hidup Tolong Menolong ........................... 27
Waspada Boleh Suuzan Jangan.......................... 29
Diskriminasi Hindari Jauhi ................................31
Terkadang Hidup Harus Mengalah.................... 33
Hidup Perlu Introspeksi ................................... 35
Dalam Hidup Hendaklah Ramah ....................... 37
Jagalah Lidah Baik-Baik.................................... 39
Hargailah Setiap Perbedaan.............................. 41
Mari Bersabar Hadapi Musibah ........................ 43
Pandai-Pandailah Memilih Kawan ..................... 45
Pandai-Pandai Mengukur Diri .......................... 47
Berbuat Baik Hendaklah Ikhlas ......................... 49
Perbanyak Diam Kurangilah Bicara .....................51

Jadilah Engkau Orang Berbudi .......................... 53
Sekali Pantang Berputus Asa ............................. 55
Amanah di Tangan Genggamlah Erat ................. 57
Marilah Bersama Menuntut Ilmu ....................... 59
Berhati-Hatilah dengan Harta Benda ................. 61
Hidup Hendaklah Mengenal Agama ................... 63
Carilah Olehmu Harta yang Halal ...................... 65
Mari Berkarya di Kala Muda .............................. 67
Hati yang Panas Jangan Turuti .......................... 69
Jangan Sembarang dalam Berutang ................... 71
Jadilah Seorang Anak Berbakti .......................... 73
Milikilah Sikap Malu dan Sopan ........................ 75
Hiasilah Dirimu dengan Senyuman .................... 77
Pandai-Pandailah Hidup Bertetangga ................ 79
Jangan Terbelenggu Masa Lalu .......................... 81
Janganlah Engkau Berlaku Curang .................... 83
Dalam Hidup Bersikaplah Tawakal .................... 85
Hargailah Olehmu Sebuah Persahabatan ............ 87
Jangan Terpukau Manisnya Mulut ..................... 89
Jangan Suka Mengatai Orang ............................ 91
Hati-hati Dalam Melangkah .............................. 93
Perkara Benar Katakan Benar ............................ 95
Jauhilah Olehmu Perilaku Mubazir .................... 97
Baik-baik Hidup di Rantau ................................ 99
Dengarlah Nasihat Wahai Saudara ................... 100
Jangan Mudah Menangisi Kegagalan ................ 102
Jangan Mudah Menangisi Kegagalan ................ 104
Hindari Perilaku Adu Domba ........................... 106
Tentang Penulis .............................................. 108

# Berkata Jujur

Burung nuri burung dara
Ketiga dengan si burung tekukur
Dengarlah nasihat wahai saudara
Jadi orang hendaklah jujur

Sungguh indah bunga dahlia
Ditanam orang di kebun melati
Sikap jujur sikap mulia
Diperintahkan Tuhan, diajarkan nabi

Bidadari matanya berbinar-binar
Terbang tinggi menuju kayangan
Orang jujur berkata benar
Lidah dan hati seiring sejalan

Hari Minggu pergi ke kota
Pergi menumpang kereta pedati
Orang jujur tak pandai berdusta
Berkata sesuai kata hati

Hari Minggu memasak sayur
Sayur bayam rasanya lezat
Hendaklah selalu bersikap jujur
Agar hidup beroleh berkat

Pagi hari memasak bubur
Bubur dimasak untuk sarapan
Jangan lelah bersikap jujur
Orang jujur disayang Tuhan

*Yogyakarta, 26052023*

## Jangan Berkata Kasar

Pergi ke kota membeli pahat
Untuk mengukir kayu cendana
Wahai saudara dengarlah nasihat
Pelihara lidah kalau berkata

Cincin emas bertatahkan permata
Dipakai Emak pergi ke pasar
Hati-hati dalam berkata
Jangan pernah berkata kasar

Tuan Kari pergi ke Jakarta
Dari Jakarta terus ke Bandung
Perkataan kasar lagi nista
Bagaikan pisau menusuk jantung

Buah semangka buahnya besar
Enak dimakan di siang hari
Sekali jangan berkata kasar
Perkataan kasar menyakitkan hati

Cantik rupanya si bunga mawar
Ditanam orang di hari petang
Berkatalah lembut jangan kasar
Mulut kasar dibenci orang

Dari Johor hendak ke Kedah
Membeli tilam bergambar rusa
Orang yang pandai menjaga lidah
Niscaya hidupnya selamat sentosa

*Yogyakarta,28052023*

## Jangan Sombong

Malang nasibnya si burung dara
Mati tenggelam di gorong-gorong
Dengarlah nasihat wahai saudara
Jangan miliki sifat sombong

Terbang menukik si burung elang
Memangsa ayam di siang bolong
Suka pamer rendahkan orang
Itulah dia sifat sombong

Anak katak namanya kecebong
Ikan hias namanya louhan
Sekali jangan merasa sombong
Sikap sombong dibenci Tuhan

Masam rasanya buah kedondong
Buah semangka manis rasanya
Ingati diri jangan sombong
Karena manusia tak pernah sempurna

Ikan tongkol ikan tuna
Dibawa orang dari Belawan
Sikap sombong tiada berguna
Orang sombong tiada berkawan

Kerlap kerlip di malam hari
Itulah dia si kunang-kunang
Jauhi sombong rendahkan hati
Hati tenang orang pun senang

*Yogyakarta, 29052023*

## Iri Dengki Mari Jauhi

Dari Palembang hendak ke Lahat
Membeli pempek ikan tenggiri
Wahai saudara dengarlah nasihat
Iri dengki mari jauhi

Tuan Kari duduk bersila
Duduk sendiri menghadap jendela
Iri dengki perbuatan cela
Orang senang hatinya murka

Ikan tongkol dipotong tiga
Dimasak gulai di dalam panci
Orang pendengki tak pernah lega
Jiwa terpenjara rasa benci

Anak muda bercelana jengki
Pergi memancing ikan patin
Tiada guna memelihara dengki
Hanya membawa luka batin

Orang Cina pergi ke Jawa
Menjual giok beserta guci
Buang dengki tenangkan jiwa
Syukur nikmat sebagai kunci

Harum baunya minyak kasturi
Dipakai orang pergi sembahyang
Sekali jangan bandingkan diri
Agar dengki tak pernah bersarang

*Yogyakarta,30052023*

## Jangan Berkata Dusta

Indah rupanya si pohon cemara
Ditanam orang di taman kota
Dengarlah nasihat wahai saudara
Sekali jangan berkata dusta

Dari Bandung ke Jakarta
Singgah di Bogor membeli ketela
Sekali jangan berkata dusta
Berdusta itu perbuatan tercela

Burung nuri keluar jendela
Hinggap sebentar di pohon salak
Berdusta itu perbuatan tercela
Tipu daya menjadi watak

Hujan turun keluarlah katak
Berjalan perlahan ke tengah jalan
Tipu daya menjadi watak
Mulut dan hatinya tidak sejalan

Indah rupanya sinar rembulan
Menerangi malam bertabur cahaya
Mulut dan hatinya tidak sejalan
Orang pendusta tak bisa dipercaya

Cantik rupanya si bunga raya
Daunnya boleh dijadikan obat
Orang pendusta tak bisa dipercaya
Selalu dibenci saudara dan sahabat

Pohon mangga buahnya lebat
Buahnya besar manis rasanya
Selalu dibenci saudara dan sahabat
Orang pendusta merana hidupnya

*Yogyakarta,31052023*

# Hidup Hemat Sangatlah Penting

Tiga ekor burung dara
Bermain-main di ladang tomat
Dengarlah nasihat wahai saudara
Dalam hidup hendaklah hemat

Anak dara duduk bersanding
Memakai sunting bajunya merah
Hidup hemat sangatlah penting
Agar hidup tak bermasalah

Baju kebesaran pakaian raja
Sering dipakai di hari raya
Orang hemat hidup bersahaja
Jauh dari berfoya-foya

Ikan gabus ikan haruan
Berenang-renang di air tenang
Buang gengsi tolak rayuan
Hidup hemat pikiran senang

Burung nuri terbang berempat
Terbang sebentar hinggap di dahan
Kurang cermat kurang hemat
Masa depan jadi taruhan

Pergi ke lesung membawa alu
Hendak menumbuk si pulut merah
Barang siapa hemat selalu
Niscaya hidupnya lebih terarah

*Yogyakarta, 02062023*

## Jangan Takabur Jangan Jumawa

Kapal berlayar dari utara
Membawa emas beserta suasa
Dengarlah nasihat wahai saudara
Merasa takabur janganlah biasa

Anak kecil membawa bola
Berlari-lari di tengah halaman
Takabur membuat besar kepala
Dunia terasa dalam genggaman

Burung perkutut hinggap di dahan
Terbang sendiri di hari senja
Orang takabur lupa Tuhan
Memandang dunia sebelah mata

Kalau Tuan pergi ke Jawa
Jangan lupa membawa ketan
Jangan takabur jangan jumawa
Takabur itu jebakan setan

Bunga mawar tumbuh setangkai
Tempat hinggap si rama-rama
Sekali jangan takabur dipakai
Takabur itu pangkal bencana

Bunga mawar bunga cempaka
Ditanam orang penghias taman
Sungguh takabur membawa celaka
Sejarah Fir'aun jadi pedoman

Kucing belang masuk ke rumah
Berguling-guling di atas meja
Sadari diri manusia lemah
Sifat takabur buang segera

*Yogyakarta,03062023*

## Berani Berjanji Berani Menepati

Hijau rupanya daun bidara
Tumbuh di samping pohon jati
Dengarlah nasihat wahai saudara
Berhati-hatilah dengan sebuah janji

Dari Semarang hendak ke Tuban
Singgah di Rembang membeli keris
Sungguh janji adalah kewajiban
Bukan rangkaian kata-kata manis

Bunga mawar warnanya merah
Putih warnanya bunga melati
Mengarang janji amatlah mudah
Tapi sulit untuk menepati

Nyaring suaranya burung pleci
Terbang melayang hinggap di dahan
Jangan asal mengobral janji
Harga diri jadi taruhan

Tanam ubi tanam kentang
Mari ditanam di pagi hari
Janji itu laksana utang
Harus dibayar tak boleh dimungkiri

Pergi ke pekan hari Selasa
Pergi membeli baju dan roti
Mungkir janji janganlah biasa
Nanti orang sakit hati

Anak orang dari Semarang
Pergi berlayar ke Indragiri
Ingatlah janji tak asal dikarang
Berani berjanji berani menepati

*Yogyakarta, 04062023*

## Jangan Kufur Mari Bersyukur

Jalan berbaris rombongan tentara
Membawa pistol beserta sangkur
Dengarlah nasihat wahai saudara
Dalam hidup hendaklah bersyukur

Putra mahkota berwajah tampan
Memakai busana berwarna coklat
Orang bersyukur memuji Tuhan
Berterima kasih untuk segala nikmat

Anak muda bermain catur
Main berdua di hari petang
Sungguh dunia telah diatur
Orang bersyukur rizki tak kurang

Putih warnanya si bunga melur
Bunga mawar berwarna merah
Orang bersyukur merasa mujur
Hidup terasa dipermudah

Tuan pangeran berburu kijang
Mendapat kijang kakinya patah
Orang bersyukur tak pernah bimbang
Takdir Tuhan tak pernah dibantah

Kalau engkau membeli telur
Jangan lupa membawa keranjang
Jangan kufur mari bersyukur
Hati senang pikiran pun tenang

***Yogyakarta, 05062023***

## Buang Serakah Carilah Berkah

Pagi hari ke bandar udara
Naik pesawat pergi ke Mekah
Dengarlah nasihat wahai saudara
Dalam hidup janganlah serakah

Hari Minggu pergi ke kota
Pergi bertiga naik bendi
Orang serakah gila harta
Dunia serasa milik pribadi

Ambil parang di dalam peti
Untuk pemotong tebu seruas
Berburu harta tiada henti
Jiwa serakah tak pernah puas

Tinggi batangnya pohon cemara
Ditanam orang di pinggir jalan
Suka halalkan segala cara
Orang serakah tak ingat Tuhan

Kucing belang beranak tiga
Bermain-main diatas peti
Serakah hanya pembawa celaka
Perbudak diri sampai mati

Ambil bambu pembuat lukah
Penangkap ikan di hari pagi
Ingati diri jangan serakah
Rezeki Tuhan untuk dibagi

Bunga mawar mekar merekah
Dipetik orang di hari senja
Buang serakah carilah berkah
Agar hidup terasa bermakna

***Yogyakarta, 06062023***

## Hapus Dendam Singkirkan Amarah

Malang nasibnya si burung dara
Jatuh ke kali mati tenggelam
Dengarlah nasihat wahai saudara
Jangan pernah menyimpan dendam

Bunga kecombrang warnanya merah
Ditanam orang di kebun talas
Orang pendendam menyimpan amarah
Hasrat tak sabar ingin membalas

Kalau engkau mandi berendam
Jangan berendam di hari senja
Tiada guna menyimpan dendam
Dendam hanya menambah luka

Pohon sagu pohon rumbia
Daunnya dibuat atap rumah
Orang pendendam tak pernah bahagia
Jiwa terbakar rasa amarah

Manis rasanya kelapa muda
Mari diminum di hari siang
Banyak bersabar berlapang dada
Dendam hilang hati pun tenang

Anak gadis berselendang merah
Memakai baju gunting Cina
Hapus dendam singkirkan amarah
Niscaya hidup lebih bermakna

*Yogyakarta,07062023*

## Waspadalah Orang Munafik!

Pergi pesta berbaju sutra
Baju sutra bermotif batik
Ingatlah nasihat wahai saudara
Waspadalah dengan orang munafik

Besar badannya harimau Campa
Siang hari masuk ke gua
Bagai serigala berbulu domba
Orang munafik bermuka dua

Ambil ijuk pembuat sapu
Diberi tangkai kayu kelapa
Orang munafik suka menipu
Merayu dengan manisnya kata

Dari Medan ke Sidempuan
Pergi berdua naik kereta
Mulut manis hanya tipuan
Orang munafik banyak berdusta

Daging sapi dimasak rendang
Dimakan bersama di hari raya
Senyumnya palsu hatinya curang
Orang munafik penuh tipu daya

Pagi hari pergi ke taman
Pergi menanam bunga dahlia
Sekali jangan jadikan teman
Orang munafik tak pernah setia

*Yogyakarta,08062023*

## Jangan Pelit Mari Berbagi

Semut hitam hinggap di gula
Semut merah suka menggigit
Dengarlah nasihat wahai saudara
Jangan sampai bersikap pelit

Kupu-kupu si rama-rama
Terbang bersama di waktu pagi
Orang pelit malas berderma
Rezeki Tuhan tak mau berbagi

Burung gereja burung pipit
Terbang bersama ke atas dahan
Ingati diri jangan pelit
Harta hanya titipan Tuhan

Pohon talas daunnya lebar
Tumbuh serumpun di pinggir sawah
Kisah Qarun jadi iktibar
Orang pelit hidup tak berkah

Beli sarung harga seringgit
Hendak dipakai pergi mengaji
Tiada guna bersikap pelit
Harta tidak dibawa mati

Lari-lari di hari pagi
Agar badan terasa sehat
Jangan pelit mari berbagi
Agar hidup lebih bermanfaat

*Yogyakarta,09062023*

## Mari Hidup Tolong Menolong

Nyaring suara induk serigala
Malam hari suka melolong
Dengarlah nasihat wahai saudara
Mari hidup tolong menolong

Kucing belang main di dapur
Melompat-lompat di atas meja
Tolong menolong perbuatan luhur
Ringankan beban sesama manusia

Pangeran muda memakai sorban
Wajahnya tampan tiada lawan
Tolong menolong Tuhan ajarkan
Mengajak insan jadi pahlawan

Tuan muda membuat lukisan
Lukisan bergambar bintang dan bulan
Niat ikhlas jadikan alasan
Menolong tanpa minta imbalan

Pagi hari memasak lontong
Diberi sayur nangka muda
Tiada merugi sifat penolong
Orang penolong banyak saudara

Tebu sebatang dipotong empat
Rasanya manis bagai gula
Suka menolong jadikan adat
Hidup terasa lebih berguna

*Yogyakarta, 10062023*

## Waspada Boleh Suuzan Jangan

Cantik rupanya si anak dara
Jalan melenggang di pinggir taman
Dengarlah nasihat wahai saudara
Buanglah segala perkara suuzan

Sungguh pintar seekor beruk
Pandai memetik buah kelapa
Suuzan itu prasangka buruk
Orang suuzan mudah curiga

Pergi mandi ke air terjun
Jangan lupa membawa kain
Suuzan itu bagaikan racun
Membunuh akal menyiksa batin

Kapal berlayar memuat permata
Berlayar sendiri ke Sulawesi
Sikap suuzan janganlah biasa
Karena prasangka hanyalah asumsi

Dari bukit turun ke lurah
Hendak mencari buah cempedak
Sadari suuzan membuat resah
Pikiran rusak hati bergejolak

Anak kecil main bertiga
Berlari-lari di tengah lapangan
Bawa diri berbaik sangka
Waspada boleh suuzan jangan

*Yogyakarta, 12062023*

## Diskriminasi Hindari Jauhi

Kalau menebang pohon cemara
Jangan lupa membawa tali
Dengarlah nasihat wahai saudara
Jauhi prilaku diskriminasi

Kalau makan ikan nila
Hati-hati banyak tulangnya
Diskriminasi perbuatan tercela
Suka membedakan manusia

Kalau engkau takut buaya
Jangan berenang di tengah kali
Sadari diskriminasi berbahaya
Mematikan akal membutakan hati

Pergi ke pasar hari Selasa
Membeli periuk beserta panci
Diskriminasi janganlah biasa
Nanti timbul rasa benci

Sungguh cantik Tuan Puteri
Putri Kemala dia bernama
Diskriminasi hindari jauhi
Sadari semua manusia sama

Sungguh pangeran ganteng rupawan
Idaman orang seluruh negeri
Diskriminasi mari dilawan
Hargai orang sepenuh hati

*Yogyakarta,13062023*

## **Terkadang Hidup Harus Mengalah**

Kalau menanam pohon cemara
Jangan ditanam di pinggir sawah
Dengarlah nasihat wahai saudara
Terkadang hidup harus mengalah

Kucing hitam masuk ke rumah
Berlari ke dapur mencuri ikan
Mengalah artinya sengaja kalah
Mengorbankan diri untuk kebaikan

Mari ke sawah memanen padi
Padi diolah menjadi gabah
Mengalah menaklukkan ego pribadi
Sikap mengalah bukanlah kalah

Bunga mawar berwarna merah
Tumbuh di samping pohon sirih
Sikap mengalah tak berarti menyerah
Hanya hindari silang selisih

Malam hari pergi mengaji
Tidak lupa memakai peci
Sikap mengalah sikap terpuji
Tanda memiliki kebesaran hati

Pergi ke lesung membawa alu
Untuk penumbuk si beras merah
Sikap mengalah amatlah perlu
Karena hidup tak selalu mudah

Potong bambu lalu dibelah
Untuk pembuat sebilah galah
Jangan ragu bersikap mengalah
Suka mengalah jiwa tak lelah

*Yogyakarta,14062023*

## Hidup Perlu Introspeksi

Kapal berlayar memuat permata
Berlayar jauh ke sungai Musi
Dengarlah nasihat wahai saudara
Hidup perlu introspeksi

Pergi ke hutan mencari rotan
Untuk pembuat sebuah kursi
Manusia kadang salah jalan
Introspeksi sebagai jalan kembali

Ikan tongkol ikan tenggiri
Enak dimasak gulai bersantan
Introspeksi koreksi diri
Belajar perbaiki kesalahan

Kalau engkau membeli ikan
Belilah seekor ikan tuna
Introspeksi jangan tinggalkan
Karena diri tidaklah sempurna

Kapal bernama kapal pinisi
Buatan anak orang Sulawesi
Orang yang suka introspeksi
Hidup lebih percaya diri

Enak rasanya kue serabi
Dimakan bersama kopi panas
Ajak diri selalu introspeksi
Demi hidup yang berkualitas

*Yogyakarta, 15062023*

## Dalam Hidup Hendaklah Ramah

Merah warnanya buah bidara
Mari dipetik bawa ke rumah
Dengarlah nasihat wahai saudara
Dalam hidup hendaklah ramah

Burung nuri berbulu merah
Mencari makan diatas rumput
Orang peramah kucindan murah
Senyum merekah bertutur lembut

Burung pipit terbang delapan
Mati satu jatuh ke tanah
Tingkah laku amatlah sopan
Orang peramah tak banyak tingkah

Kalau ada daun kelapa
Boleh dibakar sebagai suluh
Suka bergaul sering menyapa
Orang yang ramah tak pernah angkuh

Kalau engkau pergi ke taman
Bawakan aku mawar seikat
Orang yang ramah jadi idaman
Banyak kawan banyak sahabat

Gendang ditabuh bertalu-talu
Pertanda raja akan datang
Bersikap ramah hendaklah selalu
Orang yang ramah disuka orang

Engku Datuk berbaju merah
Duduk bersila di tengah rumah
Orang yang selalu bersikap ramah
Niscaya hidupnya kan dipermudah

*Yogyakarta, 16062023*

## Jagalah Lidah Baik-Baik

Putih bulunya si burung dara
Ayam jantan berwarna burik
Dengarlah nasihat wahai saudara
Jagalah lidah baik-baik

Burung nuri terbang melayang
Hinggap sebentar di pohon cempedak
Sungguh lidah tak bertulang
Sering berkata yang tidak-tidak

Tinggi terbangnya si burung elang
Nasihat dalam Pantun (19)
Terbang menembus ke angkasa
Lidah itu bagaikan pedang
Salah berucap hati terluka

Burung pipit terbang bersama
Mencari padi ke tengah sawah
Pikir dahulu sebelum bicara
Banyak bicara banyak salah

Burung merpati hinggap di atap
Pagi hari terbang berempat
Eloklah kita tak banyak cakap
Dari pada bicara sesat

Burung nuri aneka warna
Terbang rendah hinggap di pagar
Salah ucap salah berkata
Diri terancam bahaya besar

Burung merpati burung dara
Burung kesayangan putra mahkota
Banyaklah diam kurangi bicara
Sedikit bicara tapi berguna

Cendrawasih bulunya indah
Sore hari terbang ke barat
Orang yang pandai menjaga lidah
Beroleh selamat dunia akhirat

*Yogyakarta, 17062023*

## Hargailah Setiap Perbedaan

Lincah terbangnya si burung dara
Dilatih orang untuk perlombaan
Dengarlah nasihat wahai saudara
Hargailah setiap perbedaan

Indah bulunya si burung dara
Burung kasuari bulunya tebal
Sungguh manusia tercipta tak sama
Mari kita saling mengenal

Burung dara terbang delapan
Mati satu jatuh ke kali
Perbedaan bukanlah sebuah halangan
Selama kita saling menghormati

Burung dara sayapnya patah
Jatuh terkulai di atas tanah
Perbedaan mari jadikan anugrah
Bukan sebagai pangkal masalah

Burung dara bulunya indah
Dibawa orang ke negri Kerinci
Hidup berbeda terasa mudah
Asal bisa bertoleransi

Burung dara berbulu kelabu
Terbang jauh menuju pantai
Hargai perbedaan sangatlah perlu
Demi hidup rukun dan damai

Burung dara mati kehausan
Mari dikubur ke dalam tanah
Siapa bisa hormati perbedaan
Hidup aman tak bermasalah

*Yogyakarta,18062023*

## Mari Bersabar Hadapi Musibah

Tinggi batangnya pohon cemara
Tempat bersarang kawanan lebah
Dengarlah nasihat wahai saudara
Mari bersabar hadapi musibah

Mentari pagi sinarnya redup
Cahya terhalang gumpalan awan
Sungguh musibah ujian hidup
Jadikan sebagai bahan pelajaran

Cantik warnanya bunga cempaka
Dipetik orang di hari petang
Musibah datang tanpa disangka
Hadapi dengan hati yang lapang

Pergi ke pekan di hari Selasa
Membeli ketan dan serikaya
Jangan mudah berputus asa
Walau musibah datang mendera

Hari Minggu jalan berdua
Naik kereta pergi ke pekan
Perbanyak merenung perbanyak berdoa
Berharap musibah Tuhan hilangkan

Tanah hitam di sudut taman
Tempat tumbuh si rumpun pandan
Pasrahkan diri kepada Tuhan
Agar musibah tak jadi beban

*Yogyakarta, 20062023*

## Pandai-Pandailah Memilih Kawan

Ambil bambu pembuat para-para
Tempat menaruh pinggan dan cawan
Dengarlah nasihat wahai saudara
Pandai-pandailah mencari kawan

Pagi-pagi sarapan ketan
Berteman dengan secangkir kopi
Kalau hendak mencari kawan
Carilah olehmu kawan berbudi

Mari kawan minumlah kopi
Penghangat badan di hari pagi
Carilah olehmu kawan sejati
Kawan sejati tak akan menyakiti

Pagi hari memasak ketan
Ketan dimasak di dalam panci
Pilah pilih sebelum berkawan
Salah berkawan menyesal nanti

Kalau Engkau pergi ke pekan
Belikan aku roti dan ketan
Agak-agak mencari kawan
Kawan yang jahat baik tinggalkan

Minum kopi di hari petang
Kopi hitam rasanya kelat
Memilih kawan jangan sembarang
Agar hidup tidak tersesat

*Yogyakarta, 21062023*

## Pandai-Pandai Mengukur Diri

Duhai cantiknya si anak dara
Berbaju kurung bergambar melati
Dengarlah nasihat wahai saudara
Pandai-pandai mengukur diri

Baju kurung pakaian perempuan
Baju cantik melambangkan keanggunan
Ukurlah diri sesuai kemampuan
Bukan menuruti semua kemauan

Anak dara membawa alu
Pergi menumbuk si beras pulut
Mengukur diri amatlah perlu
Tak pandai mengukur pikiran kusut

Anak dara berkalung emas
Jalan sendiri pergi ke pekan
Sungguh kemauan tidak punya batas
Jangan semua diperturutkan

Anak dara memasak ketan
Diberi santan dan daun pandan
Hidup mewah bukanlah keharusan
Hidup sederhana bukanlah kesalahan

Anak dara membeli celana
Celana berwarna merah muda
Batasi kemauan hiduplah sederhana
Hidup sederhana lebih bermakna

*Yogyakarta, 22062023*

## Berbuat Baik Hendaklah Ikhlas

Terbanglah terbang si burung dara
Terbang rendah di kebun talas
Dengarlah nasihat wahai saudara
Berbuat baik hendaklah ikhlas

Burung dara di pohon bambu
Mati tertembak peluru pemburu
Bersifat ikhlas amatlah perlu
Agar beramal tak perlu ragu

Burung dara terbang sendiri
Hinggap sebentar di kebun nanas
Orang ikhlas suka memberi
Tanpa pernah meminta balas

Burung dara tinggi terbangnya
Terbang melayang ke pohon durian
Orang ikhlas tulus hatinya
Beramal tanpa harap pujian

Burung dara di tengah kandang
Diberi makan buah pepaya
Orang ikhlas tak pernah bimbang
Bebas dari pamrih dan riya

Burung dara diberi beras
Diberi makan di hari petang
Jangan ragu bersikap ikhlas
Orang ikhlas hatinya tenang

*Yogyakarta, 23062023*

## Perbanyak Diam Kurangilah Bicara

Duhai moleknya si anak dara
Berkain songket berselendang sutra
Dengarlah nasihat wahai saudara
Perbanyak diam kurangilah bicara

Anak dara bermain rebana
Sore hari bermain berempat
Diam tiada bersebab karena
Hanya ingin hindari mudarat

Anak dara datanglah sudah
Datang berteman pemuda ramah
Silap dan khilaf permainan lidah
Eloklah diam biar tak salah

Anak dara membawa pelita
Sebagai penerang di malam buta
Banyak bicara banyak berdusta
Mulut diam lebih berguna

Anak dara bermain rebana
Bermain bersama di hari Jumat
Sikap diam amatlah berguna
Banyak diam badan selamat

Anak dara duduk di teras
Duduk sendiri merangkai bunga
Diam itu bagaikan emas
Orang yang diam lebih berkarisma

*Yogyakarta, 25062023*

## Jadilah Engkau Orang Berbudi

Hari Minggu pergi ke pesta
Tidak lupa memakai peci
Dengarlah nasihat wahai saudara
Jadilah engkau orang berbudi

Anak dara mencuci kebaya
Tidak lupa memakai sabun
Orang berbudi tulus hatinya
Berakhlak baik dan bersopan santun

Betapa cantiknya bunga dahlia
Ditanam orang di kebun melati
Orang berbudi dipandang mulia
Semua orang menyanjung dan memuji

Anak kecil berkaca mata
Duduk melamun di tepi jendela
Bukan emas bukan permata
Budi yang tinggi lebih berharga

Pergi ke pasar membeli kelapa
Kelapa untuk membuat rendang
Biar sedikit tidak mengapa
Budi yang baik dikenang orang

Makan ketan bersama kopi
Enak disantap di hari pagi
Hidup berbudi hendaklah pasti
Siapa berbudi derajatnya tinggi

*Yogyakarta,26062023*

## Sekali Pantang Berputus Asa

Putra mahkota menunggang kuda
Pergi berburu dapatlah rusa
Dengarlah nasihat wahai saudara
Hidup jangan berputus asa

Putra mahkota berbaju merah
Pergi berperang bersenjatakan panah
Perjuangan hidup memang tak mudah
Tapi bukan alasan menyerah

Putra mahkota naik pedati
Pergi sendiri keliling desa
Walau gagal beribu kali
Sekali pantang berputus asa

Putra mahkota naik kereta
Pergi berburu ke tengah hutan
Tugas manusia selalu berusaha
Takdir hidup urusan Tuhan

Putra mahkota membawa bendera
Memimpin pasukan di medan laga
Sikap optimis perlu dibina
Asa di dada selalu dijaga

Putra mahkota memakai jubah
Berdiri di mimbar memberi khotbah
Nyalakan semangat bangkitkan gairah
Sadari hidup tak boleh menyerah

*Yogyakarta,27062023*

## Amanah di Tangan Genggamlah Erat

Malang nasibnya si burung dara
Kakinya patah terkena jerat
Dengarlah nasihat wahai saudara
Amanah di tangan genggamlah erat

Burung dara terbang delapan
Terbang bersama ke pohon cemara
Amanah itu laksana titipan
Harus dijaga dan dipelihara

Burung dara sayapnya patah
Terkulai diam tak bisa terbang
Menjaga amanah tidaklah mudah
Salah melangkah musibah datang

Burung dara jatuh ke tanah
Diterkam kucing dijadikan mangsa
Jangan gegabah memegang amanah
Lupa amanah badan terhina

Burung dara masuk ke rumah
Berjalan-jalan di atas meja
Siapa sanggup memegang amanah
Alamat selamat dari bencana

Burung dara bulunya coklat
Berjalan di tanah mencari makan
Ingati diri tidak khianat
Beban amanah mari tunaikan

*Yogyakarta, 29062023*

## Marilah Bersama Menuntut Ilmu

Duhai anggunnya si anak dara
Berbaju sutra berwarna biru
Dengarlah nasihat wahai saudara
Marilah bersama menuntut ilmu

Anak dara senyum tersipu
Beradu pandang dengan pemuda tampan
Menuntut ilmu sangatlah perlu
Sebagai bekal kehidupan

Baju kurung warnanya kelabu
 Dipakai nak dara pergi melayat
Tuntutlah ilmu sepanjang waktu
Sejak lahir hingga akhir hayat

Anak dara membaca buku
Buku bersampul berwarna merah
Janganlah lalai menuntut ilmu
Tanpa ilmu hidup hilang arah

Anak dara pergi ke kebun
Pergi memetik si cabe merah
Tuntutlah ilmu dengan tekun
Agar ilmu memberi faedah

Anak dara suka bermadah
Melagukan rangkaian kata indah
Orang berilmu hidupnya dipermudah
Tidak perlu berpayah-payah

*Yogyakarta,01072023*

## Berhati-Hatilah dengan Harta Benda

Kapal berlayar ke Singapura
Membawa intan beserta permata
Dengarlah nasihat wahai saudara
Berhati-hatilah dengan harta benda

Hari Minggu pergi ke pekan
Membeli sayur beserta ikan
Ingatlah harta titipan Tuhan
Mari gunakan menurut aturan

Hari Minggu memasak ketan
Diberi gula beserta kelapa
Harta benda hanyalah perhiasan
Jangan silau memandang harta

Ikan mujair dimasak pengat
Dimakan bersama di hari Jumat
Halal haram mesti diingat
Harta haram membawa mudarat

Kucing belang beranak tiga
Tidur bergelung di atas sofa
Sekali jangan diperbudak harta
Agar hidup selamat sentosa

Kucing hitam main di taman
Melompat-lompat di kursi rotan
Jadikan harta sebagai teman
Penuntun jalan menuju Tuhan

*Yogyakarta, 02072023*

## Hidup Hendaklah Mengenal Agama

Hijaulah hijau si pohon cemara
Hijaunya indah menyejukkan mata
Dengarlah nasihat wahai saudara
Hidup hendaklah mengenal agama

Baju kurung warnanya biru
Dipakai nak dara di hari raya
Mengenal agama sangatlah perlu
Tanpa agama hidupmu hampa

Kupu-kupu si rama-rama
Terbang ke taman di hari pagi
Sekali jangan tinggalkan agama
Tanpa agama hidupmu merugi

Ayam berkokok pertanda subuh
Beriring dengan suara azan
Jadikan agama sebagai suluh
Penerang jalan menuju Tuhan

Siang hari pergi melayat
Pergi melayat ke rumah tetangga
Hendaklah beragama sepanjang hayat
Agar hidup tidak percuma

Pisang masak mari dimakan
Mari dimakan bersama ketan
Perkara agama mari amalkan
Sekali jangan pernah lalaikan

Pergi ke pasar pukul lima
Beli tongkol dapat sekerat
Amalkan agama dengan saksama
Agar selamat dunia akhirat

*Yogyakarta, 03072023*

## Carilah Olehmu Harta yang Halal

Halus lembut si benang sutera
Dibawa ke rumah untuk dipintal
Dengarlah nasihat wahai saudara
Carilah olehmu harta yang halal

Baju kebaya berwarna merah
Dipakai nak dara untuk menari
Jika ingin hidupmu berkah
Harta halal mari dicari

Baju batik aneka rupa
Dijual orang di pasar raya
Biar sedikit tidaklah mengapa
Harta halal lebih utama

Celana panjang warnanya hitam
Dipakai Bapak pergi ke pesta
Jangan tergoda harta yang haram
Sekali tergoda dirimu ternoda

Tuan Guru memakai jubah
Pergi mengaji di hari malam
Tiadalah berguna harta berlimpah
Bila tercampur harta yang haram

Jaket kulit bahannya tebal
Buatan anak negeri Kedah
Cukupi diri dengan harta halal
Demi hidup yang berfaedah

*Yogyakarta, 04072023*

## Mari Berkarya di Kala Muda

Pagi-pagi makan ketan srikaya
Diberi parutan kelapa muda
Dengarlah nasihat wahai saudara
Mari berkarya di kala muda

Enak rasanya si gulai nangka
Dimakan bersama si ikan nila
Masa muda semangat membara
Iringi dengan kerja dan karya

Pisang raja digoreng saja
Enak dimakan sebagai cemilan
Kurangi bersantai perbanyak bekerja
Agar tua tak jadi beban

Pahit rasanya daun singkong muda
Tidaklah sepahit daun pepaya
Biarlah berpeluh di kala muda
Asal tua badan berjaya

Makan nasi di waktu subuh
Dimakan berlauk ikan bawal
Ingat tua badan telah rapuh
Sedari muda perbanyak bekal

Kalau menggoreng si telur puyuh
Mari dicampur si ikan teri
Masa muda bekerjalah bersungguh
Pertanda bijak mengatur diri

*Yogyakarta, 05072023*

## Hati yang Panas Jangan Turuti

Dari Jogja hendak ke Jakarta
Pergi sendiri naik kereta api
Dengarlah nasihat wahai saudara
Hati yang panas jangan turuti

Kalau engkau membawa peniti
Jangan ditaruh di atas bantal
Sekali jangan berpanas hati
Hati yang panas hilangkan akal

Anak dara memasak ketan
Tidak lupa diberi santan
Hati yang panas hasutan setan
Jika diturut celaka badan

Kupu-kupu terbang di taman
Hinggap sebentar di daun senduduk
Hati panas mari sejukkan
Baca istighfar bawa berduduk

Hati-hati berdayung sampan
Jangan sampai pendayung patah
Kalau sabar jadi amalan
Hati yang panas sejuklah sudah

Pagi-pagi pergi ke kali
Hendak mencari si kerang lokan
Kuasai diri kuasai hati
Hati panas jangan biarkan

*Yogyakarta, 06072023*

## Jangan Sembarang dalam Berutang

Makan opor di hari raya
Makan bersama si gulai rendang
Dengarlah nasihat wahai saudara
Jangan sembarang dalam berutang

Ikan teri ikan haruan
Mari dimasak di hari siang
Ukur diri ukur kemampuan
Jangan mudah membuat utang

Gulai rendang sungguhlah enak
Dicampur kacang dan juga kentang
Jikalau berutang hendaklah bijak
Banyak utang diri tak tenang

Ikan gurami mari dipanggang
Hendak digulai tak ada santan
Pikir-pikir sebelum berutang
Banyak utang celaka badan

Kalau memasak si ikan teri
Jangan lupa dicampur kacang
Siapa berutang wajib lunasi
Kalau ditagih jangan menghilang

Daun pepaya pahit rasanya
Meskipun pahit banyak yang suka
Membayar utang jangan ditunda
Agar dirimu tidak dinista

*Yogyakarta, 07072023*

## Jadilah Seorang Anak Berbakti

Tinggilah tinggi si pohon cemara
Tempat bertengger si burung merpati
Dengarlah nasihat wahai saudara
Jadilah seorang anak berbakti

Kucing belang beranak tiga
Berguling-guling diatas meja
Anak berbakti tak pernah durhaka
Patuh dan takzim pada ayah bunda

Jangan dimakan si salak muda
Salak muda rasanya kelat
Ulurkanlah cinta pada ayah bunda
Kelak hidupmu beroleh berkat

Simpan uang di dalam laci
Jangan taruh diatas meja
Sikap berbakti perbuatan terpuji
Pembuka jalan menuju surga

Pucuk ubi digulai saja
Diberi bumbu dan santan kelapa
Jangan suka berbuat durhaka
Anak durhaka hidupnya sengsara

Masak opor sebagai hidangan
Hidangan istimewa hari lebaran
Kasih ayah bunda tiada tandingan
Sekali jangan disia-siakan

*Yogyakarta,08072023*

## Milikilah Sikap Malu dan Sopan

Kucing betina belang tiga
Tidur sendiri di kursi rotan
Dengarlah nasihat wahai saudara
Milikilah sikap malu dan sopan

Kalau Puan memasak gulai
Jangan lupa diberi serai
Malu dan sopan adalah perisai
Jangan dijual jangan digadai

Kalau Tuan hendak berjalan
Jangan berjalan di hujan rinai
Jaga malu jagalah sopan
Agar hidupmu lebih bernilai

Kalau Tuan pergi ke ladang
Jangan lupa membawa parang
Malu dan sopan kalaulah hilang
Hidup tiada dipandang orang

Kalau Tuan hendak berburu
Jangan pergi di hari senja
Malu dan sopan pelihara selalu
Hilang malu badan terhina

Hari Minggu pergi berempat
Singgah ke pasar beli ketupat
Malu dan sopan peganglah erat
Kelak dirimu beroleh selamat

*Yogyakarta, 10072023*

## Hiasilah Dirimu dengan Senyuman

Pergi ke laut menebar jala
Pergi ke kali membawa joran
Dengarlah nasihat wahai saudara
Hiasilah dirimu dengan senyuman

Jangan suka bermain petasan
Takut tanganmu terbakar nanti
Senyuman itu laksana perhiasan
Mari jadikan pemanis diri

Kalau hendak membeli beras
Belilah sebanyak dua kati
Berikan senyuman walau seulas
Senyum membawa damai di hati

Pohon jambu buahnya lebat
Jambu masak warnanya merah
Jadikan senyum sebagai obat
Penyembuh jiwa dikala gundah

Pagi hari pergi sekolah
Sore hari pergi mengaji
Senyuman itu adalah sedekah
Jangan ragu untuk berbagi

Tuan Malin pergi mengaji
Memakai baju teluk belanga
Sebarkan senyummu setulus hati
Taburkan kebaikan untuk sesama

*Yogyakarta, 11072023*

## Pandai-Pandailah Hidup Bertetangga

Tinggi batangnya si pohon nangka
Tempat bersarang si semut kerengga
Dengarlah nasihat wahai saudara
Pandai-pandailah hidup bertetangga

Hati-hati membelah nangka
Awas tangan terkena getahnya
Jadikan tetangga sebagai saudara
Hubungan baik selalu dibina

Rambutan masak warnanya merah
Rasanya manis bagaikan madu
Kepada tetangga bersikaplah ramah
Sapa menyapa kala bertemu

Pohon mangga di pinggir kali
Tempat hinggap si burung kedidi
Kenali tetangga biasakan peduli
Hidup berbagi janganlah sangsi

Alangkah eloknya si pohon mangga
Daunnya rimbun buahnya lebat
Jenguk tetangga jangan dilupa
Tali silaturahmi jalinlah erat

Dari pada bertanam sukun
Lebih baik bertanam nangka
Hidup bertetangga hendaklah rukun
Kelak hidupmu damai sentosa

*Yogyakarta,13072023*

## Jangan Terbelenggu Masa Lalu

Anak kecil senyum gembira
Mendapat hadiah baju baru
Dengarlah nasihat wahai saudara
Jangan terbelenggu masa lalu

Anak kecil sarungnya baru
Dipakai ke masjid pergi sembahyang
Masa lalu biarkan berlalu
Hanya dikenang tak perlu diulang

Anak kecil bermain tali
Bermain bersama di tengah halaman
Masa lalu tak usah sesali
Jadikan ibrah di masa depan

Anak kecil berlagu riang
Sambil bergoyang dan bertepuk tangan
Belenggu masa lalu mari dibuang
Bebaskan diri lepaskan kekangan

Anak kecil main di taman
Berlari-lari berkejar-kejaran
Masa lalu adalah pengalaman
Menjadi panduan melangkah ke depan

Anak kecil membawa nampan
Nampan berisi roti dsn ketan
Masa lalu eloklah disimpan
Demi ketenangan di masa depan

*Yogyakarta, 14072023*

## Janganlah Engkau Berlaku Curang

Anak bujang memacu kuda
Masuk ke rimba berburu kijang
Dengarlah nasihat wahai saudara
Janganlah engkau berlaku curang

Anak bujang pergi ke ladang
Pergi bertanam ubi ketela
Sekali jangan berlaku curang
Curang itu pangkal derita

Anak bujang naik kapal terbang
Memakai baju bergambar wayang
Lidah dan hatinya bercabang-cabang
Orang curang tak dipercaya orang

Anak bujang membawa parang
Pergi ke kebun menebang pisang
Tiada guna berlaku curang
Jiwa tak pernah merasa tenang

Anak bujang membawa belut
Mencuci kaki di tepi sumur
Sifat curang janganlah diturut
Kelak menyesal di ujung umur

Anak bujang pergi ke taman
Menyiram kembang di hari pagi
Kendalikan nafsu perteguh iman
Perilaku curang mari hindari

*Yogyakarta, 15072023*

## Dalam Hidup Bersikaplah Tawakal

Kalau engkau pergi ke kota
Jangan lupa membawa bekal
Dengarlah nasihat wahai saudara
Dalam hidup bersikaplah tawakal

Putih warnanya si bunga melati
Dipakai orang untuk hiasan
Marilah bertawakal berserah diri
Gantungkan takdir kepada Tuhan

Kalau memotong buah bengkuang
Jangan ditaruh di dalam cangkir
Mari bertawakal setelah berjuang
Lapangkan hati menerima takdir

Kucing belang beranak tiga
Berguling-guling diatas kayu
Nasib manusia tak bisa diterka
Sikap tawakal pakailah selalu

Kalau menyimpan emas berlian
Jangan disimpan dibawah bantal
Karena hidup penuh ujian
Kuatkan diri dengan tawakal

Pergi ke kota naik bendi
Bendi ditarik si kuda belang
Banyakkan bertawakal sepanjang hari
Resah hilang bahagia datang

*Yogyakarta, 16072023*

## Hargailah Olehmu Sebuah Persahabatan

Lebat buahnya si pohon mangga
Masak sebiji di ujung dahan
Dengarlah nasihat wahai saudara
Hargailah olehmu sebuah persahabatan

Mangga muda masam rasanya
Sama seperti buah embacang
Persahabatan itu mahal harganya
Pertahankan selalu jangan hilang

Masak bubur diberi santan
 Jangan lupa ditambah gula
Hendaklah setia dalam persahabatan
Susah senang hadapi bersama

Ayam jantan mati berlaga
Dikubur orang di kebun jati
Sesama kawan saling menjaga
Betul disokong salah dinasihati

Kucing jantan mencuri ikan
Dapat seekor langsung dimakan
Ikatan persahabatan mari eratkan
Saling mendukung sesama kawan

Hijau warnanya si daun pandan
Tumbuh serumpun di pinggir kali
Elok-eloklah selalu dalam berkawan
Jaga hati kawal emosi

*Yogyakarta, 17072023*

## Jangan Terpukau Manisnya Mulut

Kalau memasak si nangka muda
Jangan diberi si jeruk purut
Dengarlah nasihat wahai saudara
Jangan terpukau manisnya mulut

Telur ayam ambil sebutir
Mari dimasak digoreng saja
Mulut manis mainan bibir
Pujuk rayu mencari mangsa

Jangan dimakan si mangga muda
Mangga muda masam rasanya
Manisnya mulut sungguh menggoda
Membuat diri setengah gila

Ular kobra ular berbisa
Membuat sarang di bawah batu
Usah percaya sebelum periksa
Mulut manis kadang menipu

Manis rasanya si buah pepaya
Manisnya sangat seperti gula
Mulut manis amatlah berbahaya
Baik beringat sebelum kecewa

Pisang raja masak setandan
Enak digoreng pengisi perut
Jadikan akal pemandu badan
Jangan terpedaya manisnya mulut

*Yogyakarta,18072023*

## Jangan Suka Mengatai Orang

Anak dara bertudung kepala
Pergi ke surau di hari petang
Dengarlah nasihat wahai saudara
Jangan suka mengatai orang

Kalau Engkau ke kebun seberang
Bawakan aku sebatang tebu
Janganlah biasa mengatai orang
Salah diri cari dahulu

Anak muda pergi bertiga
Memancing ikan ke tepi muara
Meski ilmu penuh di dada
Adab bicara tetaplah dijaga

Pergi ke hutan membawa parang
Hendak menebang si pohon jati
Jangan asyik mengatai orang
Sampai terlupa menuding diri

Anak dara di tepi telaga
Mencuci kain di hari pagi
Mari bercermin sebelum bicara
Agar ego tidak meninggi

Jalan-jalan ke Palembang
Pergi membeli ikan tenggiri
Mengatai orang jangan sembarang
Salah berkata memakan diri

*Yogyakarta,19072023*

## Hati-hati Dalam Melangkah

Habis petang terbitlah senja
Saatnya kita pulang ke rumah
Dengarlah nasihat wahai saudara
Hati-hati dalam melangkah

Langit senja warnanya merah
Pemandangan alam yang amat indah
Mulakan langkah dengan Bismillah
Agar diri tak salah melangkah

Tanam bunga penghias halaman
Bunga mawar bunga idaman
Lihat arah pakai pedoman
Agar tak tersesat tersalah jalan

Pohon bambu di belah-belah
Untuk membuat pagar halaman
Bila sekali tersalah langkah
Eloklah balik ke pangkal jalan

Kalau mengantuk pergilah tidur
Jangan lupa memakai bantal
Salah melangkah cepatlah mundur
Sebelum terempas di pintu sesal

Tikar pandan mari dibentang
Mari dibentang di tengah rumah
Salah melangkah jangan diulang
Agar hidup tak salah kaprah

*Yogyakarta,20072023*

## Perkara Benar Katakan Benar

Kalau memasak si ikan nila
Beri bumbu lalu dibakar
Dengarlah nasihat wahai saudara
Perkara benar katakan benar

Naik sampan pergi ke hulu
Jangan lupa membawa galah
Perkara benar katakan selalu
Sekali jangan diubah-ubah

Enak rasanya si buah labu
Dibuat kolak dicampur pisang
Berkata benar janganlah ragu
Meski banyak orang menantang

Tinggi terbangnya si burung camar
Pulang ke sarang di hari senja
Jangan berdiam katakan yang benar
Agar pendusta tak merajalela

Anak muda bermain gitar
Bernyanyi bersama di depan rumah
Berkata benar janganlah gentar
Tandanya Engkau manusia bermarwah

Cantik rupanya si bunga melur
Baunya wangi seperti mawar
Setapak jangan pernah mundur
Teguhkan hati berkata benar

*Yogyakarta, 21072023*

## Jauhilah Olehmu Perilaku Mubazir

Kucing belang beranak tiga
Berguling-guling diatas pasir
Dengarlah nasihat wahai saudara
Jauhilah olehmu perilaku mubazir

Tebu seberang manis rasanya
Manisnya sangat bagaikan gula
Mubazir itu memboroskan harta
Jangan dianggap perkara biasa

Cantik warnanya si bunga dahlia
Ditanam orang penghias taman
Nikmat Tuhan janganlah disia-sia
Hindari mubazir jangan berlebihan

Beras pulut ditumbuk saja
Mari ditumbuk di lesung tinggi
Berbuat mubazir janganlah suka
Nikmat Tuhan mari syukuri

Kalau memasak si sambal tomat
Jangan lupa diberi bawang
Jangan mubazir biasakan berhemat
Harta jangan dibuang-buang

Jernih warnanya air telaga
Tempat anak dara mencuci muka
Perilaku mubazir jauhi segera
Eloklah hidup sederhana saja

*Yogyakarta, 22072023*

## Baik-baik Hidup di Rantau

Anak muda jalan bertiga
Pergi memancing ke tepi danau
Dengarlah nasihat wahai saudara
Baik-baik hidup di rantau

Pergi ke rimba berburu kijang
Dapat seekor si kijang patah
Jaga perilaku di rantau orang
Sekali jangan berbuat salah

Bapak haji memakai sarung
alan ke masjid pergi sembahyang
Bumi dipijak langit dijunjung
Ikutilah adat di negeri orang

Merah warnanya si buah saga
Tumbuh serumpun di kebun seberang
Adab dan akhlak hendaklah dijaga
Ke mana pergi disayang orang

Batang bambu dibelah-belah
Untuk membuat pagar halaman
Hidup di rantau tidaklah mudah
Siapkan diri hadapi tantangan

*Yogyakarta,23072023*

## Dengarlah Nasihat Wahai Saudara

Ikan puyu diberi lada
Makanan kesukaan Baginda Raja
Dengarlah nasihat wahai saudara
Sepatah nasihat amatlah berguna

Manis juadah diberi gula
Gula bernama si gula jawa
Nasihat itu bagaikan cahaya
Mari ikuti agar berjaya

Tumbuh di halaman si pohon palas
Daunnya indah seperti kipas
Mendengar nasihat janganlah malas
Demi hidup yang lebih berkelas

Bukan ular bukanlah ikan
Tapi belut si belut tilan
Sepotong nasihat jangan abaikan
Agar hidup tak sesat jalan

Kalau hendak memancing ikan
Ambil cacing sebagai umpannya

Kata nasihat mari amalkan
Niscaya diri terelak bencana

*Yogyakarta, 04082023*

## Jangan Mudah Menangisi Kegagalan

Bunga melati di tepi telaga
Dipetik orang untuk hiasan
Dengarlah nasihat wahai saudara
Jangan mudah menangisi kegagalan

Bulan sabit cahayanya redup
Penghias malam yang penuh kegelapan
Kegagalan itu permainan hidup
Jadikan sebagai buah pelajaran

Tuan Pangeran berburu rusa
Dapatlah seekor si rusa jantan
Kegagalan hanyalah perkara biasa
Sekali jangan berputus harapan

Buluh sebatang dikerat-kerat
Mari dibuat pemagar bendang
Jadikan kegagalan sebagai obat
Pemberi semangat dalam berjuang

Indah suara si burung merbah
Elok didengar sebagai hiburan
Sekali gagal jangan menyerah
Seribu langkah mari siapkan

Tinggi batangnya si pohon nangka Tempat
bersarang kawanan penyengat
Lupakan kegagalan tetaplah berusaha
Jalani hidup penuh semangat

*Yogyakarta,02082023*

## Jangan Mudah Menangisi Kegagalan

Bunga melati di tepi telaga
Dipetik orang untuk hiasan
Dengarlah nasihat wahai saudara
Jangan mudah menangisi kegagalan

Bulan sabit cahayanya redup
Penghias malam yang penuh kegelapan
Kegagalan itu permainan hidup
Jadikan sebagai buah pelajaran

Tuan Pangeran berburu rusa
Dapatlah seekor si rusa jantan
Kegagalan hanyalah perkara biasa
Sekali jangan berputus harapan

Buluh sebatang dikerat-kerat
Mari dibuat pemagar bendang
Jadikan kegagalan sebagai obat
Pemberi semangat dalam berjuang

Indah suara si burung merbah
Elok didengar sebagai hiburan
Sekali gagal jangan menyerah
Seribu langkah mari siapkan

Tinggi batangnya si pohon nangka Tempat bersarang kawanan penyengat
Lupakan kegagalan tetaplah berusaha
Jalani hidup penuh semangat

*Yogyakarta,02082023*

## Hindari Perilaku Adu Domba

Nasi lemak bersantan kelapa
Diberi sayur daun pepaya
Dengarlah nasihat wahai saudara
Hindarilah perilaku adu domba

Malang nasibnya ayam berlaga
Kepala berdarah penuh luka
Jangan suka mengadu domba
Adu domba pembawa huru hara

Jangan bermain di tepi paya
Nanti digigit lintah melata
Jaga mulut jaga bicara
Jangan menghasut mengadu domba

Belah-belah si nangka muda
Mari dimasak gulai bersantan
Jauhi fitnah jauhi adu domba
Mari bersatu ciptakan keharmonisan

Hendak memetik buah rambutan
Bawa galah janganlah lupa

Adu domba mari segera tinggalkan
Dunia damai tanpa adu domba

*Yogyakarta, 04082023*

## Tentang Penulis

**El Lazuardi** atau Bang El, demikian nama pena yang dipilih penulis bernama asli Alex Martin ini.

Terlahir dan tumbuh dalam masyarakat yang akrab dengan budaya pantun telah melahirkan kecintaan-nya akan pantun dan terus mengembangkannya agar budaya ini terus hidup seperti yang dituangkannya dalam buku Suluh Damar ini.

Selain pantun, penulis juga menulis isu-isu seputar humaniora di blog kompasiana (www.kompasiana.com/birulazuardi)

Penulis bisa dihubungi di Facebook: El Provechoso Diamante, dan IG @elprovechoso

www.ingramcontent.com/pod-product-compliance
Lightning Source LLC
LaVergne TN
LVHW040105080526
838202LV00045B/3790